Stephanie Göhr

Kunterbunte Window Color Welt

Seit mehr als 30 Jahren steht der Name „Christophorus" für kreatives und künstlerisches Gestalten in Freizeit und Beruf. Genauso wie dieser Band der Brunnen-Reihe ist jedes Christophorus-Buch mit viel Sorgfalt erarbeitet: Damit Sie Spass und Erfolg beim Gestalten haben – und Freude an schönen Ergebnissen.

© 1998 Christophorus-Verlag GmbH
Freiburg im Breisgau
Alle Rechte vorbehalten -
Printed in Germany
ISBN 3-419-56035-4
10. Auflage 1999

Jede gewerbliche Nutzung der Arbeiten und Entwürfe ist nur mit Genehmigung der Urheberin und des Verlages gestattet. Bei Anwendung im Unterricht und in Kursen ist auf diesen Band der Brunnen-Reihe hinzuweisen.

Lektorat: Maria Möllenkamp, Freiburg
Styling und Fotos: Roland Krieg, Waldkirch
Reinzeichnungen: Stephanie Göhr
Umschlaggestaltung: Network!, München
Produktion: SMP, Freiburg
Druck: Dinner Druck, Schwanau

Inhalt

3 Bunte Motive mit Window Color
4 Die Farben
4 Tips und Tricks
5 Die Grundtechnik

6 Auf der Wiese
8 Im Zoo
10 Im Urwald
12 Auf dem Wasser
14 Unter Wasser
16 Am Himmel
18 Beim Geburtstag
20 Im Zirkus
22 Bei den Seehunden
24 Auf der Weide
26 Auf der Strasse
28 Im Himmel
30 Im Winter

Bunte Motive mit Window Color

Hier zeige ich Ihnen Motive mit Window-Color-Farben, die sich untereinander neu kombinieren und variieren lassen. So können Sie eine Anzahl verschiedener Tiere, Pflanzen und Gegenstände herstellen, die dann in Bildern und Szenen ans Fenster geklebt werden. Die Motive können beliebig oft wieder entfernt und an anderer Stelle aufgeklebt werden, ohne großen Aufwand. So wird zum Beispiel das Kinderzimmer zum Aquarium oder zum Tierpark. Dekorieren Sie am Kindergeburtstag die Gläser der Kinder mit Luftballons. Danach hat jedes Kind ein kleines Geschenk zum Mitnehmen.

Oder Sie verwandeln das Zimmer in eine Manege, wobei Sie die verschiedenen Motive auch auf Spiegel, Tassen und Gläser aufkleben können. So haben Sie fürs ganze Jahr hindurch immer wieder neue Möglichkeiten der Fenstergestaltung, ob nun Blumen im Frühjahr, eine Sandburg zu den Sommerferien oder den Schneemann im Winter.

Viel Spaß beim Malen und Gestalten Ihrer Fenster wünscht Ihnen

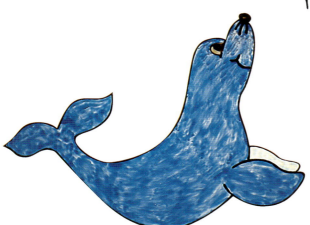

Die Farben

Glas-Design der Firma C. Kreul gibt es in vielen verschiedenen Farbtönen, die sich auch untereinander mischen lassen.
Die *Konturenfarbe* wird in vier Tönungen, Bleifarbig, Gold, Silber und Schwarz, angeboten.
Außerdem sind *Glitzereffekt-Farben* in Glitzer-Grün, -Rot, -Violett erhältlich.

Tips und Tricks

◆ Die Farbe nicht zu dünn auftragen, sonst kann das Bild zerreißen, wenn Sie es von der Folie abziehen. Wenn die Farben dicker aufgetragen werden, wirken sie dunkler (z. B. Ampel, Seite 26/27).
◆ Die Farben gut trocknen lassen.
◆ Mißlungene Teile mit einem Cutter oder auch mit der Schere abschneiden.
◆ Luftblasen, die während des Malens entstehen, mit einer Nadel aufstechen
◆ Farbe, die zu viel aufgetragen wurde, mit einen Wattestäbchen entfernen.
◆ Die Konturen eines Motivs immer von innen nach außen oder von links nach rechts auftragen.
◆ Die Motive können mit dem Fotokopierer verkleinert oder vergrößert werden. Somit kann man auch Spiegel, Vitrinen oder ähnliches verzieren.

Zu den einzelnen Motiven

◆ Die Zwischenräume (z. B. zwischen den Beinen der Giraffe, Seite 8/9) mit kristallklarer Farbe ausmalen. Dadurch erhält das Motiv Stabilität und läßt sich leichter auf dem Fenster anbringen.
◆ Die Namen bei der Tischdekoration (Seite 18/19) können auch mit Filzstiften aufgemalt werden.
◆ Den Schnee (Seite 30) oder die Luftblasen (Seite 14) zuerst aufmalen, dann trocknen lassen und mit kristallklarer Farbe ummalen. So müssen die kleinen weißen Punkte nicht einzeln aufgeklebt werden.
◆ Bei den Schafen (Seite 24/25) nach dem Ausmalen noch einmal mit der Tubenspitze Farbe auftupfen. So entsteht der flauschige Wollcharakter.

Die Grundtechnik

❶ Das Motiv mit Transparentpapier und Bleistift von der Vorlage abpausen und unter eine durchsichtige Folie legen. Alle Folien aus Polyethylen (PE) oder Polypropylen (PP) sind geeignet. Folien aus PVC sind ungeeignet. Der Handel bietet spezielle Folien an. Sehr gut läßt sich auch auf Prospekthüllen malen: Die Vorlage in die Hülle schieben, so kann sie nicht verrutschen.

❷ Die Konturen mit Konturenfarbe direkt aus der Flasche nachziehen. Dabei mit der Malspitze auf der Folie ansetzen und gleichmäßig auf die Flasche drücken. Wenn Farbe austritt, die Spitze etwa 1 cm hoch halten. Die Konturen lückenlos auftragen. Immer nach Gebrauch die Flasche sofort wieder verschließen. Sollte die Farbe trotzdem eingetrocknet sein, mit einer Nadel die Düse reinigen. Die Flaschen nicht schütteln, da sonst Luftblasen entstehen. Etwa acht Stunden trocknen lassen.

❸ Die einzelnen Flächen ausmalen. Auch hier wird direkt mit dem Fläschchen gemalt. Einen dicken Farbklecks auftragen und die Farbe mit der Tubenspitze oder mit einem Zahnstocher verteilen. Große Flächen immer an einem Stück ausmalen, da die Farbe am Rand schnell antrocknet und somit Ränder entstehen. Lassen Sie sich von dem milchigen Aussehen der Farben nicht irritieren. Nach dem Trocknen – das dauert etwa 24 Stunden – werden die Farben transparent und leuchtend. Jetzt kann das Motiv von der Folie gelöst und am Fenster angebracht werden.

Auf der Wiese

<u>F a r b e n</u>
◆ **Konturenfarbe: Schwarz**

Sitzende Ente
◆ **Sonnengelb, Schneeweiß, Mohnrot, Signalrot**

Fliegende Ente
◆ **Kristallklar, Sonnengelb, Goldgelb, Mohnrot, Signalrot**

Hohes Gras
◆ **Maigrün, Moosgrün**

Margeriten
◆ **Mohnrot, Maigrün, Royalblau, Goldgelb, Violett, Olivgrün, Kristallklar**

Löwenzahn
◆ **Moosgrün, Maigrün, Goldgelb**

◆ **Konturenfarbe: Silber**

Kleine Wolke
◆ **Diamantblau**

Mittlere Wolke
◆ **Royalblau**

Große Wolke
◆ **Jeansblau**

<u>**Vorlagen**</u>
A1 - A8

Im Zoo

Farben
- Konturenfarbe: Schwarz

Gerade Giraffe
- Rubinrot, Schneeweiß, Rehbraun, Goldgelb, Kristallklar

Fressende Giraffe
- Rubinrot, Schneeweiß, Rehbraun, Goldgelb, Kristallklar

Großer Baum
- Schneeweiß, Rehbraun, Moosgrün, Maigrün, Olivgrün, Kristallklar

Hohes Gras
- Maigrün, Moosgrün

◆ **Konturenfarbe:
Gold, Silber**

Sonne
◆ **Schneeweiß,
Rubinrot,
Goldgelb,
Diamantblau**

Kleine Wolke
◆ **Diamantblau**

V o r l a g e n
**A3, A6
B1 - B4**

Im Urwald

F a r b e n
- **Konturenfarbe: Bleifarbig**

Kleiner Elefant
- **Diamantblau, Pastellweiß, Kirschrot, Kristallklar**

Großer Elefant
- **Nachtblau, Pastellweiß, Kirschrot, Kristallklar**

Kurzes Gras
- **Maigrün, Moosgrün**

◆ **Konturenfarbe:**
Gold, Silber

Sonne
◆ **Schneeweiß,
Rubinrot,
Goldgelb,
Diamantblau**

Mittlere Wolke
◆ **Royalblau**

<u>Vorlagen</u>
A7, B4
C1 - C3

Auf dem Wasser

Farben
- **Konturenfarbe: Bleifarbig**

Großes Boot
- **Royalblau, Nachtblau, Kirschrot, Schwarz, Schneeweiß**

Leuchtturm
- **Royalblau, Bernstein, Schwarz, Schneeweiß, Kirschrot, Sonnengelb**

Sandburg
- **Royalblau, Bernstein, Diamantblau, Korall, Magenta, Violett, Rehbraun, Maigrün**

Welle
- **Royalblau, Nachtblau, Diamantblau**

◆ **Konturenfarbe:**
  Silber

Wind
◆ **Royalblau,
  Nachtblau,
  Rubinrot,
  Schneeweiß,
  Kristallklar**

Kleine Wolke
◆ **Diamantblau**

Mittlere Wolke
◆ **Royalblau**

Große Wolke
◆ **Jeansblau**

V o r l a g e n
A6 – A8
D1 - D5

Unter Wasser

F a r b e n
- Konturenfarbe: Bleifarbig

Krake
- Goldgelb, Royalblau, Violett, Kristallklar

Gelbroter Fisch
- Goldgelb, Rubinrot

Regenbogenfisch
- Goldgelb, Signalrot, Magenta, Royalblau, Moosgrün, Maigrün

14

Seegras
◆ Jeansblau, Moosgrün, Maigrün, Olivgrün, Kristallklar

Muschel
◆ Schneeweiß, Bernstein, Mohnrot

Seestern
◆ Schneeweiß, Korall

◆ Konturenfarbe: Silber

Luftblasen
◆ Kristallklar

<u>V o r l a g e n</u>
E1 - E6

Am Himmel

F a r b e n
- Konturenfarbe: Schwarz

Flugzeug mit Banderole
- Goldgelb, Maigrün, Magenta, Kristallklar

Schmetterling
- Diamantblau, Goldgelb, Signalrot, Moosgrün

- Konturenfarbe: Bleifarbig

Luftballons
- Kristallklar, Royalblau, Mohnrot, Moosgrün, Goldgelb, Signalrot, Maigrün

◆ **Konturenfarbe:**
Silber

Wind
◆ Royalblau,
Nachtblau,
Rubinrot,
Schneeweiß,
Kristallklar

Kleine Wolke
◆ Diamantblau

Mittlere Wolke
◆ Royalblau

Große Wolke
◆ Jeansblau

V o r l a g e n
A1 – A8, D5
F1 – F3

Beim Geburtstag

F a r b e n
◆ Konturenfarbe:
Schwarz

Luftballons mit Karte oder Herz
◆ Kirschrot,
Sonnengelb,
Glitzer-Grün,
Glitzer-Violett,
Kristallklar

Runder Luftballon
◆ Glitzer-Violett,
Kristallklar

Langer Luftballon
◆ Glitzer-Grün,
Kristallklar

Herz
◆ Kirschrot

Blume mit Blatt
◆ Maigrün,
  Mohnrot,
  Royalblau

Blume
◆ Mohnrot,
  Royalblau

Fisch mit Namen
◆ Magenta,
  Goldgelb

Gestreifter Fisch
◆ Magenta,
  Goldgelb

<u>Vorlagen</u>
G1 - G9

Im Zirkus

F a r b e n
- **Konturenfarbe: Bleifarbig**

Clown
- **Schwarz, Signalrot, Sonnengelb, Royalblau, Glitzer-Grün, Korall, Schneeweiß, Kristallklar**

Großer Ball mit Kreisen
- **Bernstein, Mohnrot**

Quer gestreifter Ball
- **Sonnengelb, Moosgrün**

Längs gestreifter Ball
◆ Rubinrot, Maigrün, Goldgelb, Violett

Ball mit Punkten
◆ Mohnrot, Diamantblau

Kegel
◆ Glitzer-Rot, Royalblau, Glitzer-Violett, Sonnengelb, Glitzer-Grün, Magenta

Luftballons
◆ Kristallklar, Royalblau, Mohnrot, Moosgrün

**V o r l a g e n
F3, H1 - H6**

Bei den Seehunden

<u>F a r b e n</u>
- **Konturenfarbe: Bleifarbig**

Seehund
- **Diamantblau, Royalblau, Schneeweiß**

Kegelstumpf
- **Schneeweiß, Signalrot**

Großer Ball mit Kreisen
- **Bernstein, Mohnrot**

Quer gestreifter Ball
- **Sonnengelb, Moosgrün**

Längs gestreifter Ball
- **Rubinrot, Maigrün, Goldgelb, Violett**

Ball mit Punkten
◆ Mohnrot, Diamantblau

Kegel
◆ Glitzer-Violett, Sonnengelb

Luftballons
◆ Kristallklar, Royalblau, Mohnrot, Moosgrün, Goldgelb, Signalrot, Maigrün

<u>**Vorlagen**</u>
**F3, H2 – H6
I1, I2**

Auf der Weide

F a r b e n
◆ **Konturenfarbe: Schwarz**

Schlafendes Schaf
◆ **Rehbraun, Pastellweiß, Korall, Maigrün, Moosgrün**

Schmetterling
◆ **Diamantblau, Goldgelb, Signalrot, Moosgrün**

Zaun
◆ **Rehbraun, Goldgelb, Maigrün, Moosgrün**

Stehendes Schaf
- **Rehbraun, Pastellweiß, Korall, Kristallklar**

- **Konturenfarbe: Gold, Silber**

Sonne
- **Schneeweiß, Rubinrot, Goldgelb, Diamantblau**

Kleine Wolke
- **Diamantblau**

Mittlere Wolke
- **Royalblau**

<u>V o r l a g e n</u>
**A6, A7, B4
F2, J1 - J3**

Auf der Straße

<u>F a r b e n</u>
- **Konturenfarbe: Schwarz**

Fahrrad
- **Kristallklar, Glitzer-Grün, Sonnengelb, Kirschrot, Rehbraun, Schwarz**

Ampel
- **Schwarz, Olivgrün, Maigrün, Sonnengelb, Kirschrot**

Auto
- **Pastellweiß, Sonnengelb, Kristallklar, Schwarz, Royalblau, Kirschrot**

- **Konturenfarbe: Gold, Silber**

Sonne
- **Schneeweiß, Rubinrot, Goldgelb, Diamantblau**

Kleine Wolke
- **Diamantblau**

V o r l a g e n
A6, B4
K1 - K3

Im Himmel

F a r b e n
◆ **Konturenfarbe:**
   Gold, Silber

Engel auf Wolke
◆ **Royalblau,**
   Glitzer-Violett,
   Schneeweiß,
   Sonnengelb,
   Bernstein,
   Korall,
   Kristallklar

Mond
◆ **Bernstein,**
   Schneeweiß,
   Glitzer-Rot

Kleiner Stern
◆ **Sonnengelb**

Mittlerer Stern
◆ **Goldgelb**

Großer Stern
◆ **Bernstein**

Kleine Wolke
◆ **Diamantblau**

Mittlere Wolke
◆ **Royalblau**

V o r l a g e n
**A6, A7
L1 - L5**

Im Winter

F a r b e n
- Konturenfarbe: Schwarz

Großer Schneemann
- Schneeweiß, Mohnrot, Magenta, Rehbraun, Goldgelb, Kristallklar

Kleiner Schneemann
- Schneeweiß, Glitzer-Grün, Rubinrot, Mohnrot, Diamantblau, Nachtblau

Schneehaufen
- Schneeweiß

◆ **Konturenfarbe:**
  keine

Fallender Schnee
◆ **Schneeweiß,
  Kristallklar**

◆ **Konturenfarbe:
  Silber**

Kleine Wolke
◆ **Diamantblau**

Mittlere Wolke
◆ **Royalblau**

Große Wolke
◆ **Jeansblau**

**V o r l a g e n
A6 – A8
M1 - M4**

Neben dieser Auswahl aus der Brunnen-Reihe
haben wir noch viele andere Bücher im Programm.
Wir informieren Sie gerne - fordern Sie
einfach unsere neuen Prospekte an:

- **Bücher für Ihre Kinder:** Basteln, Spielen und Lernen mit Kindern
- **Bücher für Ihre Hobbys:** Stoff und Seidenmalerei, Malen und Zeichnen, Keramik, Floristik
- **Bücher zum textilen Handarbeiten:** Sticken, Häkeln und Patchwork

3-419-56000-1

3-419-56009-5

3-419-56015-X

3-419-56020-6

3-419-56017-6

Wir sind für Sie da, wenn Sie Fragen zu AutorInnen, Anleitungen oder Materialien haben.
Und wir interessieren uns für Ihre eigenen Ideen und Anregungen. Faxen, schreiben Sie oder rufen Sie uns an.
Wir hören gerne von Ihnen! Ihr Christophorus-Verlag

Christophorus
Bücher mit Ideen

Hermann-Herder-Str. 4 / 79104 Freiburg i. Breisgau   Tel: 0761/2717-268 oder Fax: 0761/2717-35